人生、
だらしないちょうどいいね
_{ぐらいが}

DELIVA

宝島社

はじめに

あぁ～～～ん‼　皆様おこんにちは！　DELIVAと申します♪初めましてどうぞよろぴくお願いいたします♪

この度は、こんなにもパンチの効いた表紙の本を手に取ってくださりありがとうございます♪勇気あるわね♪現在アタシは、SNSインフルエンサーとしての活動と、画家としての活動の二本柱で、沖縄で過ごしております。そして今回「執筆家」という肩書きをいただける……？いただけるのか⁉ という素敵な狭間に立たせていただき、とてもとても嬉CY♪今回、書籍出版という誉な機会を頂戴して、僭越ながら超快諾させていただいたのは、まず第一に「アタシの本」という光栄な資産を生むことができるのと、もう一つは各SNSにおきまして現在、「お悩み回答」をさせていただいたり、「DELIVAの戯言」として、あーだこーだべらべらと書き殴っているのですが、そんなアタシの文字の羅列に対し「書籍化希望‼」と読者の皆様が声高らかに唱えてくださり、強いご声援に後押しされて今回、このような運びとなりました♪有難き幸せでございます‼　さぁ皆様、これよりアタクシDELIVAの七転八倒なパラレルワールドへ誘わせていただきます♪心のご準備はいいですか？　皆様の御心が、フッと軽くなって、フッと笑えますように。それでは参ります、レッツ・ゴー♪

by DELIVA

CONTENTS

2　はじめに

20　序章

Chapter 1

みんな、もっと
気楽に生きたら？

28　だらしない人生って
　　素敵なのよ？

30　死なない程度のお金さえ
　　あればいい

32　年齢なんて関係ない
　　やりたいことをやるのっ！

34　無駄に思えることも
　　だいたい何かしらの役に立つ

36　嫌われたくないと思っていたら、
　　たいした友達になれない

38　過剰な自意識はケガの元

42　苦労って生きてりゃ一生
　　付きまとうから「あって当然」
　　と思った方が気楽

44　有酸素運動は大事！
　　謎の充足感が生まれるわ

48　毎日同じことを繰り返すのって
　　気楽。今日も昨日と同じこと
　　やって生きられるなんて最高

50　人に疲れたら人と距離を置く、
　　人間過食にご注意あれ！

52　幸せの沸点は
　　低く設定しておきなさい！

54　過剰な善良心はただの
　　足枷でしかないわ

56　COLUMN
　　沖縄に移住してほんとよかった

Chapter 2

挫折あってこその、
今よ

64　ネガティブな時はとことん
　　ネガティブになりきるの。
　　ずっとポジティブなんて
　　健康を害すわよ♪

66　限界が見える能力って
　　もうネガティブ超えて超人的

68　「逃げは負け」と思わない事よ、
　　戦術として正当性が
　　あるんだから

72　ぬぐえぬストレスは
　　いっそガソリンに♪

76　上昇志向は
　　周囲への感謝とセットで

78　アナタが憧れてる輝かしく
　　羨ましい人もその裏で
　　絶対何かに悩んでいるもの

80　嫌いな人は遠慮なく徹底的に
　　嫌い切った方が健全！

CONTENTS

82 毒ある他者からの口撃は
ドM風情でいなしましょ

86 苦悩の末、人生上最強の覚悟
と恐怖を持って迎え撃つ「死」
よりも、生きて楽な方を選択
すれば未来があるの

88 下手の横好き♪

90 いくつになっても、
アタシはアタシ!

92 頑張りすぎは毒

96 貧乏になっても
悲壮感を出さない、
明るいキャラでいる方が
次につながる

100 友達って
いないといけない?

102 自分に優しいと自分に甘い

Chapter 3

もっと自分本位に
生きてみたら?

110 己の気心に従順に
人と安定的に関われる
平静さをお鍛えなさいな

112 「好きな物」と「似合う物」って
イコールじゃない、
人生の伴侶も同じこと

114 アタシの様に珍妙な生き物は
普通扱いされる方が
むしろ虚しかったりするの

116 結婚は恋愛の延長?
恋愛は「結婚ごっこ」を
しながらが吉♪

118 コンプレックスは
チャームポイント♪

122 とっつきにくい人が何か
大事なものを自慢してきたら
こっちのもん

124 恋は思考じゃなくて「本能」
迷わずいきなさい

128 好きな女には、
フラせてあげなさい

130 浮気する男は放し飼いの
飼い犬と一緒♡

Chapter 4

華麗にスルーする
技術

136 人に「デブ」と言われたら、
渾身の「ブス」を叩き返してよし!
人に「デブ」と言い放ったら、
渾身の「ブス」が返ってくる
覚悟を持って

138 人を傷付けたり怒らせたり
しなければすべて御の字なのよ

CONTENTS

- 140 こんな相談が来たわ？「友達に『絶対内緒ね』って約束したことを別の友達にバラされて最悪です」
- 142 男と女、処世術の為に使う武器は同じじゃないわ。そのままいけ！
- 146 理解し合えるまで話し合う？そんなダルいことする必要なし！
- 148 嫌われたって、別に。
- 150 車のホイール、リップの赤
- 152 会得すべきは手ブラで「回避」
- 154 携えるべきスキルは「鈍感なバカ」♪

Chapter 5
歳を重ねてわかったこと

- 160 下り坂、ピンヒールは膝にくる
- 162 モチベーションてのは、長期継続出来る事が重要
- 164 名声はただのデコレーション
- 166 元気がない人への「元気出して」は時に毒
- 170 己の機嫌の悪さを露骨に出すやつは、目上だろうが目下だろうが人としてペラい
- 172 努力は他人に見せない見えちゃうもの。
- 174 正義の量、怠惰の量
- 178 アナタよりも幸せな人がいてはいけない。
- 180 休めないじゃない。休むの。
- 182 大事なのは、高い自己肯定感ではなくて「自尊心」
- 184 Viva!! だらしない人生♪

Prologue
序章

と いうことで♪まずはアタシの人となりをお話しさせていただこうと思います。皆様なんとなくご理解いただいているでしょう。一人称が「アタシ」であるアタシ。ええ無論ゲイでございます！　んもぉ〜〜〜♪14歳で「はい自分ゲイ」と自認し、カミングアウトは23歳。恥も外聞も無く、今日までとゲイ全開でルンルンと生きております。生まれは福岡（本当に生まれただけだから一瞬）、育ちはずっと埼玉。そもそもゲイの素質が開花するきっかけになったのは、幼稚園生の時に園外学習で市民会館にて観賞した演劇「シンデレラ」だったの♪女優さんが被っていたシンデレラのハリボテお面が、キラキラときらめいたのを見て衝撃を受けたことが始まりなの。

園 に帰ってから「劇の中で一番お気に入りのシーンを画用紙に描きましょう♪」という授業があって、その時にシンデレラを一番かわいく描こうと思ったの。でもどんな服を着ていたとか、シンデレラのディテールまで覚えているわけないじゃない？　だから一番かわいくシンデレラを描くほかのクラスの子の絵を真似て、記憶を塗

り替えるほどのシンデレラを描いたわ♥今思うと、その時に絵心と乙
女心を身につけたような気がする♪

小学2年生の時に好きな子ができたの。乙女なアタシでもこの時の恋愛の対象はまだ女の子。白いブラウスにリボンタイをあしらって、タータンチェックのプリーツスカートを穿いた「THE お嬢様スタイル」にもかかわらず、二重跳び120回ぐらい跳び散らかす、とんでもないスペックのミホちゃん。ある日、このミホちゃんにアタシがホの字だという事実が、クラス1のわんぱく野郎・ツザキにバレてね。自由時間中にツザキから教室に呼び戻されて、クラスメイトが全員で円を作っている中に放り込まれたんだけど、円の中心にはミホちゃんが立ってて。そこで「こ〜くはくっ」「こ〜〜くはくっ!!」ってコールが始まって、アタシはクラスメイト全員の前で告白を強いられたの。結果は「ごめんなさい」。それを聞いたクラスの子がゲラゲラ笑いながら「あちゃ〜〜笑」って言うわけ。その時に思った、というか覚醒したの。「こんな公衆の面前で幾度となくアタシに羞恥を喰らわせてくる女という生物は……絶対に味方に付けた方がいい」と。敵視するのではなく、いっそ抱き込もうと。それからアタシは女の子の友達ばかりが増え、趣味もどんどん乙女チックになっていったわ♪

そんな自分はやはり繊細、というか感受性が敏感というか。要はHSP(＝Highly Sensitive Person「ハイリー・センシティブ・パーソン」生まれつき、とても感受性が強い人のこと)気質だったようで、他人からの視線や感情に対してすごく敏感に反応する人間だったの。その結果、わずか8〜9歳のアタシには負荷がかかりすぎて、チック症(まばたきや咳払い、首振りや奇声などが本人の意思に関係なく繰り返し出てしまう疾患にかかってしまったの。静かな場所で、どデカい奇声を発しないと精神が安定しなかったり、教室で机を叩いたり揺さぶったりしないと気

が済まない性分になってしまって、それはもう恥ずかしいなんてもんじゃなかったわ。クラスの子たちからは奇異の目で見られるし、嫌でしかたなかった。治癒の方法なんて見つからず、人知れずもがき倒してたわ。両親に小児心療内科に連れていってもらったけれど、お医者さんの診断が専門用語すぎて意味が全然わからなくて、「あぁ、これは治してくれる先生の言葉すら理解に苦しむほど難しい病気なんだな」って、よりわけがわからなくなったのを憶えてる。だからもう、その当時はある程度受け入れようと思ったの♪ どうせわからないのなら、わからないことを考えるよりも、わかることを優先したのよ。中学＆高校と、症状は相変わらず強かったから、もういっそこのチック症で笑ってもらおう、この自分でも容認してくれる人と関わっていこうと、多感な学生時代を邁進しようとしたわ。でもやっぱり、10代のハートは繊細だし、壊れやすいし腐りやすい。しかもそこに輪をかけて超絶トピック、「僕ゲイ♪」が、堂々と影を潜めてるでしょ!? もぉ〜〜〜隠せ隠せ隠せアタシ!!　アタシの高校時代はギャル男とかアムラーの第1世代で、俄然ストレートジェンダーしか認めないような時代。だからアタシがゲイってバレた日にゃ「はぁ!? ゲイ!? キモッ!!」とか「マジで近づきたくない」っていう世界。バレたら高校生活どころか一生が終わると思い込んでたから、ゲイであることは自分都合で絶対隠蔽だったの。チック症で奇声発してガタンガタン騒音鳴らしてるそばで、ゲイであることを隠蔽するマインドって……。とんでもない2大ミッションに精神は大疲弊。そして疲弊すればするほど、チック症は勢力を強めるわけ。

そんな日々の中で、アタシの心に芽生えたのが「しょうがない」という言葉。ネガティブな意味合いでも使われるけど、アタシの場合はポジティブ。「うん、しょうがないね、じゃあどうしよっか♪？」って、現状を受け入れながら次の策を練ることができたから、とても開拓的

Prologue

だし今も大好きな言葉。

高校卒業後、大学受験は考えず、両親からは、父ちゃんが働いてる会社に就職するようにすすめられたの。コネだから絶対に受かるからって。何の疑いもなく就職面接を受けたら♪落ちたの。アタシ。「コネって落ちるの!!?（笑）」家族全員合格すると思い込んでたから、当時の就活は父ちゃんの働いてる会社のみ、一点突破。が、破談。アタシは高3で進路が絶たれ、人生詰んだの♪おもしろーい♪そんな絶望の淵から救ってくれたのは同級生のカズキだったわ。彼は内定が決まっていたファッションの専門学校に行こうと誘ってくれて、無事に専門学校へ入学、本格的なファッションライフが始まったの。

チック症爆進中な中、ゲイのカミングアウトは23歳。意外にも初めてカムアウトしたのは久々に会って飲んだ高校の同級生たちだったわ。高校時代、さほど仲が良いわけではないと思い込んでたクラスメイトたちだったから、まぁバラしても今後に支障ないか、別にここでドン引かれたら帰ればいいだけだしと思って軽い気持ちで話したら「クラスメイトだった時に言ってほしかったな。あの時に聞いてたらもっとデリのことを知れて、より仲良くなれたかもしれないじゃん♪」て。あまりにも意外な返答が返ってきて、驚愕とともに、23年必死に隠してきた心のうちを、親交の薄い同級生がこんなにもあっさりと壁を壊し、受け入れてくれたことに大感動。緩んだ涙腺を必死に締め直したことを、今でも憶えてるわ。その日からアタシは、ゲイであることが怖くなくなっちゃった♪「自分がゲイである」ということじゃなくて、「ゲイである自分と周囲が接しやすい自分になる」ことで、アタシ自身が楽しく生きやすくなると思って、アタシという人間性を作り上げていったの。幼少期に触れた壁や脅威、言葉や気持ち、助けや拒絶、身に起こった全てのことを吸収&咀嚼して、できたのが今のアタシ。

Prologue

人生をかけて苦楽とともに作り上げたアタシのアイデンティティは、絶対最優先。だってアタシの人生なんだもの。そんなアタシの人生を潤すために、他人を傷つけたり貶めたりは絶対にしない。また、環境に適応するための手段として、へりくだる方が有利である場合以外は、他人のために自分を引っ込めない。地球は広いんだし、ダメならほかにいる♪って思ってたら、人間関係の構築がとっても楽になったの。さっき話した高校時代の同級生の、意外かつ温かい言葉がきっかけで、主軸を自分に置くということに気づくことができ、おかげで自分自身に絶対的な信頼と愛情、責任と覚悟を持てたのね。来るもの拒まず、去るもの追わずなフラットなマインドがあるから、今のアタシの日々にかかるストレスが極めて少ないのだと思う。

社会に出てから鬱病を患ったり、雑草を引き抜いて食べるほどド貧乏を体験したり、まるでジェットコースターのような人生を歩んでいるけれど、そんなジェットコースターな毎日を、ブルドーザーのように土地開拓しながらタラタラとだらしなく猛進してるわ♪ぇ？何？話長すぎ？　ぁごめ—ーん♪じゃぁ鬱病だの、雑草貧乏のお話はまたの機会に♪

Chapter

1

みんな、
もっと
気楽
に生きたら？

世の中は情報でいっぱい。何を選択するかで
他人の目を気にしたり、逆に自分を省みたり、
普通に生きてるだけで疲れるわよね。真面目
すぎはノン♪　ほら、肩の力を抜いてゆっくり
生きましょ。

だらしない自分ごとまるっと愛していきましょ

みんな、もっと気楽に生きたら？

だらしない人生って素敵なのよ？

昨今、世間が厳しすぎやしませんこと？

　皆様、多分苦手じゃない？　「だらしなさ」を肯定するのって。特に「他人」のだらしなさは、関係が近ければ近い存在ほど、目に付けば付くほど鬱陶しいと思うもの。部屋が汚い、怠惰な生活による体臭、たるんだ体、ナンパな色恋沙汰……。だらしなさが及ぼす悪影響は数知れず。だけどね、自己愛の確保や自己開拓の延長で、脳や心に「自分のために」絶対持っていなくちゃならないのは、ある種の「だらしなさ」かもよ？　みんな、社会の統制やあやふやな倫理観に縛られてキチキチしちゃってんじゃないのーー‼　アタシが説かせていただく「だらしなさ」ってのは、体外的に見える怠惰やズボラさの事ではないの。この擦れた社会環境やご自身の苦境の中でも、せめて自分の心の緊張や思考のシバリはゆるめてあげてほしい♪っていう意図なのーー♪ひゃっだーーじゃー最初からそぉ言ってよーー。そんな自分に優しく、自分に甘く生きてるアタシが、だらしなく生きてきた、というか、そういうふうに生きることになったこれまでの過去や思想を赤裸々にお伝えするわね♪宗教勧誘じゃないわよ‼

「だらしない」を
ネガティブワードだって
決めつけるのは
もったいないの!!

Chapter 1

みんな、もっと気楽に生きたら？

死なない程度のお金さえあればいい

お金はほどほど、適量で

　お金は大事。えぇ大事。でも「適量」を読み違えると、アナタがほかに抱えている大事なこととのバランスが崩れるの。幸せの充足感は人それぞれで、自分にとっての「適量」がある。あれば安心だけれど、多けりゃいいってもんじゃないわ。アタシは人生の重要度をお金を中心にしすぎて日常が破綻した男を見たことがあるの。お金に呑み込まれて、周囲の人たちは彼のもとから去っていってたわ。お金も飯も「腹八分目♪」。ちなみにアタシの場合は、毎日の献立を作るために、割引シールが貼られた食材と酒が買えるお金があれば十分なの♪人生はお金と、「お金以外の大事なもの」との両立が大事よ。だから早く見つけて♪自分に最適なワークライフバランスを。そして、お金なんてものは、そのバランスを保つための数ある手段の一つであるということを忘れないでね♪

欲しいのは
お金だけじゃないはず！
『欲の天秤』はなるべく
平行に♪

みんな、もっと気楽に生きたら？

年齢なんて
関係ない
やりたい
ことを
やるのっ！

夢や目標は使い方次第で
心の栄養になる

「やりたいこと」って、年を重ねると気力&体力とともに徐々に減って、行動を起こすのがキツい。さらに年相応の理性がブレーキになって、やりたいことをやるという思考が薄れていくわよね。「この歳になると夢を叶える気にならない。仕事をして、家族を支え、現実を生きていくことが一番の幸せ」という人は、それで全然いいと思う。だけれど、諦めかけた夢があったり、叶えたい目標を今も抱えたりして生きている人は別。せっかく人生をかけて培った夢や目標を無駄にするのはもったいないわ!!とりあえず、持て余した夢や目標の使い道に迷ったら、せめて日々の栄養にして生きていきましょーよ♪夢や目標があると、普段の生活がポジティブに変わるのよ♪もし夢や目標が叶わなければ「心の栄養として使えば」いい。アタシたちは年を重ねていくけれど、夢はいつまでも老いず色褪せないわ。自分の体力や気力にふさわしい方法で、夢や目標を活かしていきましょ♪

夢を見るのも
叶えるのにも、
年齢制限なんて
ないのよっ♪

Chapter 1
みんな、もっと気楽に生きたら？

無駄に
思えることも
だいたい
何かしらの
役に立つ

無駄恐怖症にご注意を

アタシ、ノンストレスで無駄のない人生を過ごしているの♪すごいわよ、アタシの徹底ぶり。例えば、お出かけ日和の休日に、丸一日泥のように寝ていた日は「なんて充実した一日だったんだろう♪」って感動して酒盛りしちゃうし。買い物から帰宅後、買っていないものに気づいて再びスーパーへ戻った時なんかは「基礎代謝量上がったかもー♪」と自分に自信持っちゃう。逆に、行動も思考も、何でもかんでも効率を優先すると、スッキリサッパリできるけど、そのかわりに人生の旨みを無くす可能性があるわ。無駄は、余すことなく楽しんでから捨てるのが一番♪捨てることはいつでもできるんだから♪

コスパやタイパ、時には必要だけどアタシにはノン！人生ムダこいてナンボ♪

みんな、もっと気楽に生きたら？

嫌われたくないと思っていたら、たいした友達になれない

嫌われない人なんていない

「人に嫌われたくないです。どうすればいいですか？」ってよく聞かれるんだけど、その答えはムダに好かれようとしないこと。ひとことで「嫌われる人」って言っても、その原因は人の数だけあると思うし、「嫌う人」にも原因があるかもしれないでしょ？　世の中には自分中心に地球が回っていると思い込んでいる人や、人の気持ちをないがしろにするロクでもない人がたくさんいる。そういう人って、善人ぶって人の悪口や嘘、さらにはデリカシーのないことを言って、周囲を傷つけながら自分の存在価値を高めようとするじゃない？　そんな輩から、嫌われないようにする必要ある？（笑）　そんなやつ、目一杯嫌わせてやんなさいよ‼　アナタのことを好いている人だって絶対にいるんだし。アナタがロクでもない人間じゃなければ、嫌う人が見る目ないのよ♪だから嫌われたくない人には、嫌われるつもりで正面からぶつかっていきなさい♪‼　全人類から好かれている人なんて、この世に存在しないわ。

まずは、
100％のアナタを
さらけだしておしまい！
好かれるか嫌われるかは
二の次よ‼

みんな、もっと気楽に生きたら？

過剰な自意識はケガの元

本当にプライドが高い人ほど優しい

　プライドが高いということは、決して悪いことではない
わ。持っている能力を自分で認めることで価値を見出せる
から、自信がもてるもの♪豊かな自尊心として養われるか
ら心の循環としては理想的。ただ、その自尊心への執着が
いきすぎると、「傲慢」に姿を変えるわ。"私は君たちとはち
がう世界で生きていますのよオホホ"的な、傲慢な態度が隠
しきれないような人が、俗に言う「プライドが高い人」じゃ
ない？　違う違う！　そうじゃ、そうじゃなぁい(©鈴木雅
之)!!　その傲慢さ、実は自分のプライドをあまり信頼して
いないただの「自己防衛」なのではないかしら？　あーん
そういう人、香ばしいわ(笑)。本来のプライドは、他人にマ
ウントをとったり他人を卑下するものではない。本当にプ
ライドの高い人は「アタシ、えらい！」って自尊する方法を
知っているから、他人に対しても心から優しくできるもの
よ。プライドは、方々に散布して強さを誇示するものでは
ない。人に優しくできることこそが、より己のプライドを
成長させることのできる温かいエキスなんですもの♪

フワッと優しく、
だらしなく前向きに
これがDELIVA的
プライド♪

「無駄こそ人生の旨味成分！効率ばっかりだとそれはそれで何か失うわよ!!」

みんな、もっと気楽に生きたら?

苦労って
生きてりゃ一生
付きまとうから
「あって当然」
と思った方が
気楽

苦労は生きる上での自己投資

　人生は楽しいことも苦しいこともある♪「苦楽はミルフィーユ状」に折り重なっているから、楽しい部分だけすくって生きるなんて無理。SNSで見かける、毎日キラキラ輝いて見える大金持ちの人、美人さん、イケメンくん、高学歴さん……。世の中から羨望の眼差しを向けられているであろう人たちも、その裏では想像を絶するような努力をしたり、苦悩と向き合ったりしながら今を謳歌している。ひとことで苦労と言っても、人それぞれ違うけど、みんなに必ずあるもの。だから「苦労はあって当然」と思って生きた方が気楽じゃない♪？あと、楽しいことや嬉しいことは素敵な思い出にはなるけれど、人間力はやっぱり苦労から一番得られると思うの。ちなみに、しっかりと苦労と向き合って、自分なりに納得のできる理由を見つけたあとに流し込むビールは、マジで格別よ!!♪

苦労もろとも
楽しんでやる!
そんな勢いがあれば
一生享楽♪

みんな、もっと気楽に生きたら?

有酸素運動は
大事!
謎の充足感が
生まれるわ

自家発電で脂肪を燃焼する

アタシ、ジムに通っているけど、マジで行くのダルい時ってあるの。そりゃ肉は垂れてほしくないし、ジムでハッスルしてる男の筋肉を凝視しながら同じ空気吸いたいけど、それでも億劫な時ってあるのよね。でもね、言い訳をつけて運動をしなくなると、一気に太りそうなもんだけど、意外とそこまで太らないのよ〜♪なぜならアタシ、移動手段はもっぱらチャリだから。チャリに乗ることで脂肪がガソリンになって、太りにくくなっているのかも♪ジムやエステに通わず、日常生活の中で体を動かさないといけない環境を作れば、否が応でも健康的に痩せるわ。おかげでアタシ、チャリで往復20kmくらいなら難なくこなせるようになっちゃったの。変人ね♪これで太ったら細胞を呪うわ。この不便な移動手段がアタシを健康にしてくれて、なおかつハッピーホルモンと言われるセロトニンを大量に分泌しているだろうから、えもいわれぬ充足感に満たされるの♪カロリーを消費した分、好きなものが食えるし、もしまた太ったら強制チャリ移動で元に戻す。日々のエネルギーは自家発電ね♪

ダイエットのためだけじゃない、健全な精神のためにも適量の運動を♪

みんな、もっと気楽に生きたら？

毎日同じことを
繰り返すのって気楽。
今日も昨日と
同じことやって
生きられるなんて
最高

DELIVA'S VOICE

刺激的な毎日だけが
幸せな人生ではない

　皆様の中には、「昨日とは違う今日にしたい」と、毎日ブラッシュアップした日常を送りたがったり、SNSを使って誰かにアピールしたりすることに心血を注いでいる方がいるのではないかしら。たしかに、日々刺激を得て、新しい何かを体験できることはとても素敵なこと。でも、それとは反対の「昨日と変わらないありふれた今日」を堪能してみない♪？　毎日同じって楽じゃない？　実はとっても最高で気楽なのよ♪？　今途方もないほどに苦境に立たされている人には、耳を塞ぎたい言葉かもしれないけれど、それでも今日という日を尊び、昨日と同じ、いや、毎日同じ家に帰ることができて、ご飯を食べられて、好きなネトゲやお酒にありつけて……って、幸せじゃない？　至高の生活だと思うのって、アタシだけ……？　なんでよ!!!

今日を
生きられただけでもご褒美♪
「普通の事」に感謝できれば
人生何でも楽しめるわ!

Chapter 1
みんな、もっと気楽に生きたら？

人に疲れたら
人と距離を置く、
人間過食に
ご注意あれ！

人との距離感ってホント大切

　たまにいない？ ぁ、結構いるか。"人脈命！"をスローガンに、浅く広く関係性を築く人。アタシは以前、初対面だった自称・女性起業家と居酒屋で同席したことがあるの。そのとき一緒に写真を撮ったんだけど、その日の彼女のインスタに「DELIVAに初めて会った♪　#会いたい人いますか　#紹介します　#人と人を繋げたい　#友達」ってポストしてあってさ。誰アンタ!!?（笑）　思い出ゼロですけど!?（怒）　こういう方たちは、こちらがあえて距離をとっていることも想定せずに（あ、想定できないのか笑）、「陽キャのコミュ力風情」でズケズケとパーソナルエリアに侵入してくるじゃない？　しかも自分のステータスを上げたい、人脈を広げたいということだけに熱をあげているだけのコミュモンスター。あのキャラに対する免疫がないと「たしかに人脈は大事だな」って思わされて、色んなイベントに出席しちゃったりするのよ。もちろん自分の知らない世界や人たちと繋がって、それまでなかった知見を広げることは素敵だけど。でもね、人に会うことってぶっちゃけ疲れるじゃない？　人に対して疲れている時に繋がりを優先すると、もっと疲れるわよ♪特に好きな人ほど、時おり距離をおいた方が健全な関係が持続するわ。かけがえのない存在なら、相手もその距離感を理解してくれるはず。飯と一緒よ。どんな大好物でも満腹のときは見たくもないでしょ？ご自身のメンタルケアを最優先にして「人間過食」にご注意よ♪♥

人を傷つけなけりゃ、御の字よ
自分軸の時間を大切にね♡

Chapter 1

みんな、もっと気楽に生きたら？

幸せの沸点は低く設定しておきなさい！

幸せの沸点は常温、もしくは低めの設定で

　幸せに過ごすことは大事。人それぞれ、定義や価値観は違うけど、各々が重要視していることよね。でも悲しいかな、人間って幸せに対する上昇志向が強いから、現状の幸せでは満足できなくって、気づくと幸せであることが当たり前になってしまう。たとえば仕事にありつけていること、毎日3食ご飯が食べられること、近所にコンビニがあること……。「普通」のことになってしまうと、いつしか「不満」に変わる。せっかくの幸せが不満になるってどういうこと？　もったいないわよ‼　たとえ退屈な時間を過ごしているときに「なんか楽しいことないかなあ」って思うこともあるだろうけど、その何もない平穏な時間こそが幸せの瞬間だって思えた方が、今後「幸せだなあって」感じる回数が確実に増えるわ♪今はSNS隆盛の時代だから、他人を通して"幸せのカタチ"が見やすくなっているよね。でもそれはあくまで他人が感じている幸せであって、決してアナタの幸せではない。アナタはアナタ自身の幸せをご享受なさいな♪幸せは人から教わるものじゃない。自分自身で感じるものよん♪

小さな得を
「これしか得られない……」
って思うより
「これだけは得られた♡」
って思えたら気分いいわよ♪

みんな、もっと気楽に生きたら？

過剰な善良心はただの足枷でしかないわ

いい人ぶるのはおやめ

　皆様は"いい人"って「思われたい?」それとも「思わせたい?」どっちもブゥーーー(NG)!　自らアピるものではないわよ!!　"いい人"っていうのは自分でなろうと思ってなれるものではなくて、あくまで他人が決めること。自分がいい人と思われたいがために、頼まれてもいないことを良かれと思ってやって相手に善意を押し付けたりすることは、いい人の所業でも何でもなく「余計なお世話」。そんな人はとても恩着せがましくて、下心も見え見え。"いい人ぶっている"と見透かされてしまうものよ。そんなのイヤでしょ!!　素敵なのは、見返りを求めないこと。これが1番!!　相手に対して豊かな感性と快適な居心地を与えなさい♪そうすれば、自然と相手から好意をいただけるはず。「いいことをしてあげたんだから、何か返してよ」なんて下心をもっているうちはノンノンよ。

　いいじゃない、別にいい人じゃないんならいい人じゃなくて。「イヤな人」じゃなければ御の字よ♪どうしてもいい人になりたいなら「自分自身に対してだけいい人」でいなさいな♪

いい人を演じて
ストレス溜めるなんて
ナンセンス♪

COLUMN

沖縄に移住して ほんとよかった

　アタシが沖縄に移住したのは2013年の4月。きっかけはこれまた高校の同級生「カズキ」だったわ。当時東京に住んでいたアタシは、ファッションデザイナーをしていたの。ある日、職務上でアタシにあらぬ嫌疑をかけられて「糞がぁ!!（怒）」と心で憤慨し、その日の夜にワナワナしながらヤケ酒を飲んでたら、突然カズキから約10年ぶりに電話がかかってきたの。彼とは22歳ぐらいまでは飲んで遊んだりしてて、何かクリエイティブなユニットを組もうと、夢に思いを馳せた日を過ごしていたから、そんな懐かしい話をしながら「昔は若さを武器に、向こう見ずで目標に純粋に突っ走ってたよねーー」と回顧したアタシに「俺、今でもデリとあの時の夢を叶えようと思ってるよ」って言

われたの。「……プロポーズですか？」当然プロポーズではなく、カズキはストレートなのでただただ昔描いたアタシとの夢を叶えようといまだに心を輝かせていたの♪アタシも当時32歳になって、22歳の時よりは「苦労の仕方

と対処法」を知っていたので、カズキのお誘いに乗ったの♪でも10年会ってなかったから、まずは「顔合わせも兼ねて久々に飲もう‼」て誘って「来週あたりどう？　で、どこで飲むー♪？」って聞いたら「かでな」って言われたの。
D「…かでなって何？店名？地名？」
K「知らないの？」
D「そんなに有名？」
K「基地問題とかでニュースになったでしょ？」
D「…その嘉手納基地なら知ってるよ」
D「……ん？その嘉手納⁉」
K「ピンポーン♪」
D「ちょっと待ってーー♪(汗笑)アタシ東京に住んでんのに来週カズキと飲むのに沖縄まで行くの⁉」

聞けばカズキは数年前に沖縄に移住していたらしく、それを知らないままトークを繰り広げていたアタシは土地勘が崩壊♪そしてカズキはアタシに沖縄移住をすすめ、2人で当時の夢を沖縄で叶えたいと熱弁してくれて、「じゃぁーー、やるーー♪」と二つ返事で申し出を受け入れ、この電話をした翌日に勤めていた会社に退職届を提出したの♪一度も足を踏み入れたことのなかった沖縄、移住1日目が初沖縄だったあの日から気がつけば11年。ノンキャリアなのに実績で証明すればいいと思い虚言を吐いてスタイリストになったり、ド貧乏脱出&スタイリストの仕事獲得のために沖縄ローカルTV番組に営業かけたらそのままMCに抜擢されたり、その番組が打ち切りになった途端ファッションデザイナーの仕事が決まったり、デザイナーの契約

満了を期に絵を描いてしみじみと生活してたら、SNSインフルエンサーのスカウトが舞い込んできたり。とにかく沖縄でも超絶ジェットコースターな出来事を、

COLUMN

COLUMN

ブルドーザーのように突き進んでるの♪そんな自分の生き様は「疑念を優先しない」「否定で動きを止めない」そして大事なのは、「気合いと覚悟は享楽的に♪」。人生なんて、真剣なものほど真剣に考えたら思い詰めるだけで歩みが止まってしまうわ。必要なのは、事を起こす前に慎重に足踏みする事よりも「起こした後の対処法を戦術カードとして持てるだけ持って元気に突入する事!!」よん♪アタシが沖縄に移住したことを、後悔するどころか楽しすぎちゃう感じで過ごせてるのは、何が起きても立ち向かってやる♪って覚悟をしていたからなの。行ったこともない沖縄で住むところも決まってない、仕事もどうなるかわからない、新しい友達ができるかどうか不安、そんな状態ではあったけど、「アタシならどうにかできるでしょ！」って腹をくくったの。

　あとはお得意の「まいっか、どうにかなるでしょ精神」をフル稼働で、ネガティブなことを考えてしまう自分を全力封印♪追い風が吹い

COLUMN

ている今、ここで二の足を踏むのはアタシの人生の損失になるって強く感じたの。皆様の人生においても「いきなり沖縄移住!」ほどの極端な事はないにせよ、何か目に見えない力に突き動かされることってあると思うの。そんな時は、一旦ネガティブ要素を己の思考から排除して、キラキラした未来に想いを馳せてみてほしいの。もしかしたらアタシみたいに「めっちゃ沖縄来てよかった〜♪」って感じで、人生が開けることがあるかもしれない。生きてるとさ、煮詰まったり行き詰まったりで四面楚歌状態になることあるじゃない。そんな時こそ、ちょっと勇気を出して、降りかかるリスクも覚悟の上で、ヒャッフーー!!って前に進んでみるのもアリかも知れないわ♪ そう、イメージは高〜い崖から、水面きらめく大海原に飛び込む感じで♡ しかもね、熟考してからの決断よりも、意外と結果に後悔しないのよ。自分のワイルドな決断に既に敬意を評してるから、どんな不遇な結末になったとしても、「けど、よーやったよなーアタシ!」って自己評価が上がっちゃうの♪ もぉポジティブ越えて病気ねアタシ♪(笑)

挫折
あってこその、今よ

生きていれば、高い山が立ちはだかったり、深い谷に足を滑らせることもある。うまくやり過ごす、踏ん張る、逃げる……。対処法は人それぞれ。ただその経験こそが未来の幸福の種になることだけは知っておいて。

自分の限界？
そんなの
知らな〜い♡

挫折あってこその、今よ

ネガティブな時は
とことんネガティブに
なりきるの。
ずっとポジティブなんて
健康を害すわよ♪

立ち直りたい時は、
都合のいいポジティブをエサに♪

　いくら努力しても自分の力ではどうにもならないことって、生きていれば山ほどあるわよね。アタシはどんなに頑張ってもできないことは早々に切り捨てるし、「諦め」という名の切り替えが早いからあまり気を揉まないけど。使命感の強い真面目な方は、頭のどこかではどうにもならないということをうすうす感じていながらも、必死に努力するでしょ。でもやっぱりダメなものはダメ……。まさに負のスパイラルね。そんな時は一旦、どん底を体感なさい♪どん底の魅力は「床があること」。だって、底なんだもん。踏ん張ってジャンプできるじゃない♪落ちてる最中は重力に負けてジャンプできないから、しっかり落ち切るの！　地に足を付けてしっかりとネガティブを暴発させて、余すことなく吐き出し、心身を休めなさいな♪それに、もし何をしたってダメだったとしても「真面目で一生懸命なアナタが目的を果たすために奔走した」という努力の跡は残るじゃない♪アナタが成したその過程はとても素晴らしいポジティブなもの♪「アタシ可愛いわ〜」とか「俺めちゃめちゃ頑張ったわー」とか甘い言葉で、自分自身をねぎらうのよ♪結果はどうであれアナタの価値は不変なんだから♪

自分に甘く、やさーしく♡
どん底の後は自分に飴を！
誰にも文句言われないわ♪

Chapter 2
挫折あってこその、今よ

限界が見える
能力って
もうネガティブ
超えて超人的

目標達成までの道のりは
ゆっくり着実に

　いつだったか「目標に向かって頑張っていましたが、自分の限界が見えてしまいヤル気ゼロです」って相談を受けたの。

　自分の限界が見える能力ってもう、諦めやネガティブを超えて、超人的スキルだと思うの♪その未来を可視化するチカラを、もっとポジティブなことに活用してみたらいいのに♪アナタが直面しているそれは、限界じゃなくて「現状」よ。アナタが定めた目標にただ到達していないだけ。現状に憤り、成果を焦り、過程に飽きるから。成長とは、もどかしく淡々と推移するもの。自身の思う目標に達する理想の速さは幻想よ。現世に身を置いて過ごしているのだから、流れる時に逆らわず、晴れやかに。せっかく自分で築いた素晴らしい目標へ着実ににじり寄って♪

限界を迎えるのは
命を終える時よ！
四肢が動く限り
進みなさい♪

挫折あってこその、今よ

「逃げは負け」と
思わない事よ、
戦術として
正当性が
あるんだから

いじめに悩んでいるなら、 いっそ悪環境を活用して世界へ!!

アタシ、暴言が嫌いなんだけど(←え、まじで⁉)、いじめってクソクズよね。ぁごめんなさい♪ もちろんいじめゼロなのが理想だけど、学校や会社など、不特定多数の人が強制的に集められるコミュニティーでは、大なり小なり軋轢が生じがちよね。アナタももしかしたら突然いじめに遭遇する可能性だってあるわ。そんな時はいくつか対処法があると思うの。性格によっては「なにクソ!」と思って反撃できる人、いじめを受けながらも心の中では「これはみんなが冗談でやっていることで、これはいじめではないんだ」と、被害者でありながらも、認めることが恥ずかしくていじめを無理やり正当化して我慢しようとする人(アタシは高校時代、これだったわ♪)、そして、すべがなくいじめを受け続ける人……。いじめって、色んなことが複雑に絡み合って起きているだろうから、簡単に分別できることではないし解決するのはとても難しい。

アタシがもし、今いじめに遭ったら即逃避ね。ヘタレと言われようとも迷わず逃げるわ。逃避も回避

DELIVA'S VOICE

も勇気ある正当な戦術♪メンタルの傷はフィジカルの傷よりも治癒が難しくて一度壊れたら元通りになることは皆無。それほど繊細なものなの。だからもし、いじめによって心(もちろん体も)が傷つくと思ったら即逃げて。野生動物なら正当な生存本能でしょ？　ライオンに立ち向かうウサギはいないわ。クズい環境に身を置く忍耐力があるのなら、有益な対処をしてくれる大人を頼って、転校、転職、異動を検討することに力を注いだ方がよっぽど建設的♪そして、外の世界を知るために羽ばたくの！きゃーーーー楽しみーー!!!　シャレた逃げ方を知れば世界中が自分のフィールドになるじゃない♪新たな場所での第二の生活が始まれば、毎日が刺激的すぎて、いじめで悩んでいる場合じゃなくなるわ♪

いじめに関しては「立ち向かう必要なし」これはアタシの揺るぎない持論♪

挫折あってこその、今よ

ぬぐえぬストレスはいっそガソリンに♪

ストレスさえも
発奮材料に変えて生きるのよ！

　もうさ、不可能よね、今の社会でノンストレスで生きるなんて。どんな立場の人でも、様々なストレスを解消できずに日々を過ごしている事でしょう。上司がウザい、部下が無気力、痩せない、人付き合いで疲れる、旦那が家事に非協力的……。ミルフィーユ状に重なったネガティブな心は払拭するのも一苦労……。じゃぁどうする？　そう、必要なのは「吐け口!!」。蓄積した心の産廃物は、全て人生を好都合に過ごすためのエネルギーに変えておしまい!!　ストレスという名の臭いガス、メタンを全て"生きるガソリン＝精油"として抽出するのよ!!　あらやだ超サスティナブル!!　何でもいいの♪1人カラオケ、暴言日記、野山で叫ぶ、暴飲暴酒、クッションに暴行……。それらを一気に昇華させるための、ストレス発散にリンクした趣味を見つけてみて♪

ストレス皆無の人生はムリ。
だったらストレスを武器に
楽しいことしたら
いいじゃない♪

何があっても
自分を卑下する
ことなんて
ないわ！

Chapter 2
挫折あってこその、今よ

上昇志向は周囲への**感謝**とセットで

アナタに注がれてる愛に気付いて

　今いる職場や業界内で上を目指そうと考えているなら、バカみたいに上ばかり見ていてはダメ。そんなことをしていたら周囲の存在を忘れて、いつしか上に行くことしか考えない、自分本位な性格になってしまうわ。アナタが上を目指せるのは、上・下・横にいる人たちが、アナタが自分で思い描く理想の姿になるために、大事な時間や労力を費やしてくれているからじゃない？　何より「アナタのためなら」と思って自分の時間を犠牲にして協力してくれているからよ。そんな人をないがしろにして、何が上昇志向よ！バカ‼

　もしアナタが、先輩や後輩、同僚たちからの応援や愛に気づかないような人間なら、仮にトップに立つようなことがあったとしても、ろくなリーダーにならないでしょうし、そんな主導者は絶対に長続きはしないわ。いい？　上昇志向は周囲への感謝とセットよ。

「おかげさま」の心と「ありがとう」の精神で♡好きなだけ昇ってゆきなさい♪

挫折あってこその、今よ

アナタが憧れてる
輝かしく
羨ましい人も
その裏で
絶対何かに
悩んでいるもの

悩みは死ぬまでなくならない
人生の旨み成分♪

　悩みがなくならないということは、アナタが真摯に一生懸命生きている証拠よ♪そして、悩みがあるほどに、人生は旨みのある有意義な時間と表裏一体♪人生って、ある程度悩みとかストレスがないと楽しい事への感度が低くなって、感情の抑揚が平たくなってくるのよ。何も考えず、何も気付かず、なぁ～んもなく、毎日ボォーーーッと生きていたら悩むこともないけど、そんな人形みたいな人生どぉなのよ？　悩みが存在しない人生は、虚無感と向き合わなければならなくなるから、それはそれでまぁまぁきついと思うわ♪アタシにとって悩みは人生のツマミみたいなもの。悩みを肴に、美味しいビールでも飲んで楽しい人生にありつきなさいな♪♥

悩みを打ち明けられる
相手がいるのも素敵だけど、
悩みなんていっそ
自分で食い散らかした方が
簡単じゃない？

挫折あってこその、今よ

嫌いな人は遠慮なく徹底的に嫌い切った方が健全!

人を嫌うなら徹底的に

　「人を嫌うことはいけないこと。誰とでも仲良くする方がいい」という意見は、至極真っ当♪でもそれは、無下に嫌う必要のない人との関係性でのことであって、全人類に当てはまるものではないわ。すでにムシズが走るほど嫌いな人を、どうにか好きになる努力をするのは、アナタの時間がもったいないわ‼　であれば、人知れず徹底的に嫌い切った方がとても健全。好きとか嫌いなんて、その時の気分で変わる些末なもの。思うままに全うなさい♪♥

嫌う人がいるなんて
健康な証拠じゃない♪
人間らしく生きよ♡

挫折あってこその、今よ

毒ある他者からの口撃はドM風情でいなしましょ

アタシはソレを「肯定的自虐」と呼ぶの♪

人に憎まれ口を叩かれたり、嫌味を言われたりした時、アタシは自虐的に自分を肯定して返答するの♪

デリ太ったね→「あぁ～ん、もっと太っちゃおっかなーー♪」

デリその着こなしダサくない？→「えぇ～～♪じゃーもっとダサくしちゃおーーー♪」

デリ、乳首超浮いてるよ？笑→「浮かせ・て・ん・の♪」

揶揄的な言葉や感情にはある種、自虐的に丸ごと受け入れて肯定的に切り返すの♪反発もしないしイラッともしない。まず相手の発言を真摯に受け止めてから肯定的に いなす 事によって、相手の「余計なお節介」か「いやらしい文句」が「論点にするだけ無駄なとうでもいいこと」に変身するのーー♪おもしろーーい♪で、相手からしたらこれ以上おちょくっても旨みがないからとっとと黙ってくれるわよ♪

人に嫌味を言うより言われた方がマシ。皆様疲れてるから、今以上の砲撃が自分に放たれないよう、防壁を張ったせいで難ある性格に成り果ててしまう人もいる。攻撃者だって社会の被害者かもしれない。だからそんな言葉への反撃を控え、致し方ない毒牙を中和してしまうろ過性能の高いフレーズをストックして、それらを純水に変えて自らの養分として吸収しちゃう乾いたスポンジを心に持っておくと、人の辛辣な言葉も幾許か楽に喰らえるよ♪アタシはね。要は、ドMなんですよ、アタシ。笑

悪口をスルーするための
セリフを用意しておくのよ♪

悩みがあるのはアナタが懸命に生きてる証！

挫折あってこその、今よ

苦悩の末、人生上
最強の覚悟と恐怖を
もって迎え撃つ
「死」よりも、

生きて楽な方を
選択すれば
未来が
あるの

死ぬ度胸があるなら
生きる気力も少し残っているはず

　自ら死を選ぶことって、とんでもなく勇気と度胸がいるでしょ？　痛いだろうし、苦しいだろうし。でも逆に考えれば、それだけのパワーを蓄えられる人は、生きる力が残っているんじゃないかなって思うの。先に言っておくけど、アタシは死ぬのはめちゃくちゃ怖いので、絶対に選択せず、生きて楽な方を選ぶタイプの人間。でもみんながみんなアタシみたいではないことも知ってるわ。生きることが辛くて、命を落とす方が楽だと思ってしまう人は、生きることじゃなくて「生き方が頭打ちになってしまっている」のではないかしら。アタシは最期の選択の前に「生きて人生を逃げてほしい」と思う。切迫した時は開き直って、だらしなく生きて、人から逃げて、でも助けを求めて、そして生きて……。せめて今ある財産を全部使い切るつもりで、心底楽しんから考えてもいいじゃない♪　楽しむお金がなければ、ちょっとだけ働いてみたっていい。そんなふうに生きていたら、死ぬのをやめようとか、もうちょっと生きてみようって思うかもしれない。死を選ぶ度胸があるのなら、その度胸で生きて楽な方に逃げる弱さを身につけてほしい。

「死」に関しては
軽はずみなことは言えない。
でも、生きて！

Chapter 2
挫折あってこその、今よ

下手の横好き♪

興味があることは捨てずに残す

　アタシね、昔から器用貧乏なの♪上手なものは多かったけれど、突出しているわけではない。だからアタシは一点特化型ではなく、全てをゆるっと補えるスキルを狙っていたの♪音楽やファッション、漫画、書道……。とりあえず色んな物事に興味を持ち、見よう見まねで挑戦することで好きなことを増やし、可能性を見出すことの繰り返し。若かりし青春時代から今日まで飽きもせずずーーっと、趣味程度につまんできたわ♪そしたら、去年楽曲をリリースさせていただき、一筆書きで魚屋さんの看板を書かせてもらい、デザイナーやスタイリストになれて、絵でご飯を食べることができて、さらにはこうやって本まで出させてもらえるようになりました‼　感謝感激ですーーーー‼‼

　アタシの場合、大半はSNSでの発信が起爆剤となってお仕事に繋がったという、数奇な運命だったけれど、こういうチャンスは誰もが巡り合えるものではないよね。でも、皆様それぞれに「絶好のタイミング」が人生で1回以上は訪れると思うの。それを捉える手法の一つこそ、アタシのような「球数の多い器用貧乏」だったりするのかも♪一つでも多くの特技をアピールできるよう、とにかく全ての好きなことをやめない♪一つも捨てない。好きなことや強み、興味のあるものを今すぐ使えなくても、あきらめたり捨ててしまったりするのはとてももったい無いわ♪どこで何がどうひっくり返るかわからない♪趣味はかさばるものじゃないから増えても邪魔にならないし、賞味期限もないから傷むわけでもなし。人生のための活用法はいくらだってあるんだから♪ちなみに"下手の横好き"なんて言っておきながら、アタシの場合はオトコは下手でも上手でも、縦でも横でも好きよ♪

〆は安定の下ネタで、ごめんあそばせ♡

挫折あってこその、今よ

いくつに なっても アタシは アタシ！

年齢なんてただのナンバー

アタシの名前は出利葉 弘喜(デリバ ヒロキ)でーす♪年は43歳でーす♪♥年齢なんて、生きた日数を暦が勝手に365日ごとに区切った数字だと思ってまーす。「年を重ねること」＝「老い」というマインドセットはナンセンス。恥ずべきは「歳を重ねたこと」ではなく「歳を重ねた自分を恥じている」ことよ。気をつけて、たかがナンバーに振り回されると一気に老け込むわ。ほら、頬の肉が垂れるから上を向いて！　はい、笑顔!!　ニコーーー!!

シミもシワも「付けないように」じゃなくて素敵な場所に付ける毎日に♡

Chapter 2
挫折あってこその、今よ

頑張りすぎは毒

DELIVA'S VOICE

「頑張り」と「頑張りすぎ」のちがい

　生きていると、頑張らなきゃいけない瞬間が多くある。仕事も、学校も、夢の実現も、家事育児も……。あぁ～～ダルい♪自分で選んだ道、人に決められた道、納得しようがしなかろうが、人生の大半は常に「頑張り」を強いられるわよね。頑張ることは、自分の魅力の再発見や課題の発掘にも繋がるからとても有意義で素敵♪だけど「頑張りすぎ」はノン♪効果はトントンなくせに、体には超猛毒。損でしかないわ!!　努力は「己の度量やペース」に従順に♪「頑張り」が栄養になるのは自分のために頑張れているから♪自分で自分の「頑張り」を褒めてあげられれば御の字よ♪頑張るのも褒めるのも、自己中心的に♪

自分にとって
心地いい「頑張り」が
最大の成果を生み出すものよ。
頑張っても、気張らずにね♡

93

Chapter 2 挫折あってこその、今よ

貧乏になっても悲壮感を出さない、明るいキャラでいる方が次につながる

悲壮感は出さない。
明るい方がコスパも良し

　沖縄に移住して1年ぐらい経った時、アタシ無一文だったの。貯金は底をついて、スタイリストのお仕事だけじゃ生活できなくて、細々とバイトもしたけど、そんなのは焼け石に水。当時は雑草を茹でて食べたり(食べれたもんじゃなかったけどね♪)たくあん一本で3日間乗り切ったり。でも、当時アタシの口から出ていたのは「あぁ……、ヤバいどぉしょ……」って悲壮感が漂うものでなく、「あぁ～～ん♪ヤバいーもぉーーー♪(笑)」っていうネタ的なやつだったの♪(笑)　だってこんなどん底生活滅多に経験できないじゃない?　雑草食ってるやつなんていないでしょ?　なぜか、不穏な状況が明日をつなぐユーモアとエネルギーになっていたの。どーせ仕事がないんだもの。いいじゃない?　ヘラヘラしていたって♪だけどそんなヤバい状況やネガティブな空気を表に出すことはしなかった。だってアタシには、たくさんの人と関われる仕事を、ファッションを通してやっていきたいという夢があったから。悲壮感たっぷりなネガティブゲイと、誰が仕事したいと思う?いないでしょそんな人。明るくおかしく振る舞っていたら、アタシの回りの友達が救援物資を提供してくれたの♪これは、鬱々と生活をしていたら絶対にいただけなかったもの。アタシ、貧乏になると太るのよ。みんなが助けてくれるから。(笑)

でも援助だけされていたら気が引けるわよね。何かお返しをしなきゃって思う。けれどお金がない。そんな時アタシは、「時」をプレゼントしたわ。会った人を目一杯楽しませたし、その人との時間を目一杯楽しんだの♪その気概が、今のアタシの根幹を形成してくれたわ♪貧乏な時間を過ごしたおかげで、セルフプロデュース力が備わり、周囲の人たちに本気で感謝できる自分になることができた。貧乏ごときでは、アタシを倒すことはできない♪ふふふ……♪アタシの場合は貧乏だったけど、もし現状に不満があっても決して腐らないで。そんな時こそ感性を育て、大事な時間として消費していってほしい♪

貧乏を経験する事、ほんのちょっぴりおすすめするわ♪ほんと……ほんのちょっぴりね

挫折あってこその、今よ

友達って いないと いけない?

一人の時間を楽しめれば
友達も集まってくる

「友達がいないのが悩みです」って相談、よく受けるの。確かに友達がいないことって、ちょっと「恥ずかしい気持ち」が押し寄せるわよね。アタシも昔、大勢の中で、ひとりぼっちでいるのが恥ずかしくて人に見られたくないと思ったことがあるわ♪でもね、友達がいないからって欲しいと思ったことはないの。一人の時間ってとても落ち着くし、自分のために使える時間に安堵していたから。友達がいなくても毎日を豊かに楽しむことはできるわ。

　一人の時間を楽しむスキルがあれば、二人になった時の楽しみ方も味わえると思うの。それって二度美味しくない♪？　"人生を楽しむこと＝友達の数"じゃないのよ。人生の楽しみは、LINEの登録人数やインスタのフォロワー数では測れない。友達の有無に縛られてはアナタ本来の人生を楽しむ選択の幅を狭めてしまうかもよ。楽しみはアナタが自発的に生み出すこともとても大事♪アナタが一人の時間を楽しそうにしていれば、自然と人が集まってくるし、もしすぐに集まってこなくても、人生の大半が素敵になる♪それでいいじゃない♪人生なんて楽しんだもん勝ちよ！　だからアナタの当面のミッションは、時を楽しむマインドをどーにかこーにか強制装填すること!!　精進をし!!!♪

友達の数で、
アナタの人生の善し悪しは
計れないわ♡

Chapter 2

挫折あってこその、今よ

自分に優しいと自分に甘い

輝く未来への鍵は
自分への優しさにあり

　自分に優しくするのって、とても難しいわよね。「甘え」と履き違えたり、周囲から「自分に甘い」と思われると、評判を落とす原因になってしまうから。だけど自分に「優しい」のと「甘い」は全然違うのよ。自分に「優しい」のは、頑張って頑張って、それでも果たせなかった自分のこれまでの過程をちゃんと認めてあげながら、次への糧にすること。いっぽうで「甘い」のは、何もしなかった自分にあぐらをかいていること。自分に優しいということは、自分をくまなくケアしてあげることだから、欲しい未来を獲得する可能性を多分に秘めてる♪自分に厳しくして視野を狭めるのではなく、「よく頑張ったな自分‼」「あの失敗の時のあれ、次はこうしてみよう‼」って、自分への優しさで未来の間口を広げて、自分で自分を讃えて進んでこ♪

自分で自分を
褒めて、愛でて、
素敵な未来を
切り開くの！

まずは自分に
優しく♡
他はその後よ

Chapter 3

もっと
自分本位
に生きて
みたら？

ねえ、なんだか目に見えない何かに、人生をがんじがらめにされてない？ 冷静になって！ 誰もアナタのことを止めることなんてできない。思うように生きればいいのよ。そのままお生き！

ゲイへの偏見？
あぁ〜ん、
よろしくてよ！
アタシのことは
とことん
「偏った」目で
「見て」♡

もっと自分本位に生きてみたら？

己の気心に
従順に
人と安定的に
関われる平静さを
お鍛えなさいな

イラついたら
豆腐を素手で握りつぶす

「周囲の人の言葉や行動にイライラします」って、それはアナタが勝手にイライラしているからでしょ♪？　自分中心になって、物事が思い通りに進まないから。周囲との協調性がアナタに欠けているのでは？　アナタ自身がイライラできる立場なのかを改めて考えながら、少し冷静におなり♪♥　え、それでもイライラが収まらなかったらどうするのかって？　アタシの場合、クッションに顔を埋めてひたすら怒号で絶叫したり、絶対に壊れないものを完膚なきまでに引っ叩きまくるわ♪　あと、お料理の時に豆腐を素手で思いっきり握りつぶすの♪　スッキリした気持ちでこさえたおぼろ豆腐の味噌汁はとっても美味しいのよーー♪

イライラするって、よく考えたら上から目線♪まずは笑顔で豆腐を握りつぶしましょ

もっと自分本位に生きてみたら？

「好きな物」と「似合う物」ってイコールじゃない、人生の伴侶も同じこと

相手の短所を受け入れる♡

アタシ、沖縄でスタイリストのお仕事もさせていただいているの。オシャレって、好きなものを取り入れるのは簡単だけれど、「似合うもの」を取り入れるのってとっても難しいでしょ？　なぜなら、似合うものはまず自分の「短所」を受け入れて、そんな自分と調和させて魅力を開花させるための検証をしなければならないから。それって人生の伴侶も同じだなーーって思うの。おしなべて「好きな人」と「幸せにしてくれる人」はイコールではないでしょ？　好きな人と幸せになるために必要なのは、相手の「短所を受け入れること」から徐々に関係を育んでいくことだと思うの。オシャレもラブも、まず自分の短所と相手の短所をどちらも受け入れてからともに切磋琢磨して成長していきたいよねーー♪まぁアタシは、短所を受け入れてほしい彼氏すらいないんだけどね。ちっ……（横になりながらケツをぼりぼり）。

でも、短所って
見方を変えたら
長所に変身したり
することもあるわよねっ♪
転換力よ、転換力!!♪

Chapter 3
もっと自分本位に生きてみたら?

アタシの様に
珍妙な生き物は
普通扱い
される方がむしろ
虚しかったり
するの

ゲイだろうが何だろうが、
みんな好きに楽しく生きればいい

「世の中にあるゲイの偏見に対してどう思う？」って聞かれたことがあるけど、回答としては、特に何も思わないわ♪ゲイだろうが何だろうが同じ人間、誰にだって好き嫌いがあることの延長でしょ。幸せに生きているゲイだっているし、ゲイであることよりも過酷な環境で生きていらっしゃるストレートの方だっている。極端な話、どんな人間であろうと"五体満足に生きられている時点で幸せだと思いなさい！"って思うの♪　ただゲイに限って冒頭のような疑問を抱かれるような人って、個人的には贅沢だなって思うの♪♥　アタシは普通に扱われることに虚しさを感じる人だから（誰が普通じゃないゲイだって⁉　アタシは普通よ!!!　嘘です!!）。とにかく！　抱く感情は人それぞれ。みんなそれぞれ好きに楽しく生きれば、それでいいと思うわ♪

偏りも個性の一つよ。
相手の価値観も
理解してあげて、
存分に偏らせて
おあげなさいな♪

もっと自分本位に生きてみたら？

結婚は
恋愛の延長？
恋愛は
「結婚ごっこ」を
しながらが吉♪

お互いの理想は
「交渉と補助」から生まれる

恋愛と結婚。どちらも生きる上で自らの「理想」を手に入れたい、人生の重要事項の一つ。結婚を見据えた恋愛は、お相手との恋路を謳歌しながら、入籍というゴールを視野に入れるはず。その一方で恋愛の延長で結婚へ踏み込むことは、危険な気がするの。恋愛は「自分のため」に相手と自由に謳歌できるけれど、結婚は「自分以外の親や、新しく生まれてくる子どものため」に覚悟や責任を持って育んでいかなきゃならないじゃない。負うべき責務のレベルが全然違うと思うのよ。

恋愛の延長で結婚をした場合、「結婚したら旦那が豹変した」とか「結婚したら妻が何もしなくなった」という声をよく聞く。なぜか。それは、交際中よりもお互いの距離が近くなり新鮮味も薄まっているにもかかわらず、覚悟や責任は増幅するから。大事なことは、理想を追う時にこそ、醒めてでも現実を見据えることと、現実を突きつけられる結婚後にこそ、ちゃんと互いの理想を目指すために「交渉と補助」を繰り返すことだと思うの。恋人同士の時に「結婚ごっこ」を、1週間ぐらいわりと真剣にやってみたら？　って思うわ♪

ちなみにアタシは、結婚願望も恋愛願望も皆無です♪

恋愛と結婚は
「別次元」だと思う
DELIVAですっ♪

もっと自分本位に生きてみたら？

コンプレックスは チャームポイント♪

コンプレックス込みで丸ごと自分を愛でよ

　"コンプレックスはチャームポイント♪"って、アタシのスローガンなの♪♥アナタも、あるがままに、まずはナチュラルに自分で自分を愛でてみよ♪とはいっても、そう簡単にできることじゃないわよね。フィジカル面でのコンプレックスは、昨今さまざまなエクササイズや施術、治療法が発達しているから、時間とお金と意欲さえあれば、コンプレックスを薄めることはできるわよね。ただ難しいのはこの「時間」「お金」「意欲」の三要素がそろうかどうか。特に「意欲」に関しては超強敵よね!!　仕事、家事、育児などによる疲労が先行して、どうしても一歩を踏み出せないってあるじゃない？　その気持ち、とってもよくわかるの。だからそんな時はまず「第一に自分自身を考えて、いたわってあげる時間」を意地でも作ってみて♪そうすることで、自分のコンプレックスと真摯に向き合う時間が増えて、受け入れる気持ちや、解消の手立てがゆるりと生まれるかもしれない。自分の余裕がなくなると、心が廃れて、自分自身に悪影響をおよぼすの。とにかく自分としっかり向き合って、心の悲鳴に耳を傾けてあげよ♪ゆっくりと時間をかけて自分自身を認めてあげることで、アナタがコンプレックスで悩まなくなりますように♪

自分をいたわることで
コンプレックスはゆっくりと
ほどけていくはず♪
ムリに認めようとしないで、
疲れちゃうから♡

醒めても現実を
見据える
理想の未来を
手に入れるために

もっと自分本位に生きてみたら？

とっつきにくい人が
何か大事なものを
自慢してきたら
こっちのもん

とっつきにくそうな人ほどいい人だったり

　皆様の周りにはいらっしゃるかしら？　なぜかいつも不機嫌で会話もどこか億劫そうな人。気に食わないなら帰ればいいのに、なぜかずっとそこにいるっていう。本当に不思議だけど、そういう方ってじつは極度の人見知りだったりするだけで、本当は人が好きだったり、口下手だったり、ちょっぴり不器用な人だったりするのよね。あぁ〜〜ん愛くるしいーー♪そういう方って、朴訥で寡黙な性格の人が多いから、早々に距離を縮められることに抵抗を感じたり、簡単に心を開かなかったりするの。そんなめちゃとっつきにくい人が、他人には明かさない大事な秘密を打ち明けてくれたら、もうアナタに心を許したも同然♪ワンちゃんが腹を見せたのと同じ♪きゃーー♪アナタが興味を持った人がこんな方だったら、適度な距離感と心地良い接し方で、ゆっくりと間合いを詰めてみて。ゆるりとはにかみながら振り向いてくれるから。「心の開放」＝「秘密の共有」。だってどんな人でも絶対に、「自分の誇れるもの」は人に見せたいんだもの♪

とっつきにくい＝イヤな人
ってわけじゃないと
思うの♡

もっと自分本位に生きてみたら？

恋は思考じゃなくて「本能」迷わずいきなさい

大事なのは本能

「好きな人に告白した方がいいですか?」ってよく聞かれるんだけど、そんなのとっととしなさいな。誰に聞いたってそう答えるわよ。しないほうがいいってあるの?（笑）　息を整えるために色んな人から相談という名の酸素をもらっている間、アナタの動きは止まるわ。たとえ叶わなくても、相手は告白されて絶対に悪い気はしないはず♪♥恋は「思考」じゃなく「本能」よ。行け。

昨日に戻れない今日、せっかく好きになれた人に好きって言わないでどうすんのよ!!♡

ときには
動物のように
本能丸出し
イこっ♡

もっと自分本位に生きてみたら？

好きな女には、
フラせて
あげなさい

フリーになったら
遊び尽くして次に備えよ

「一途だった大好きな彼女にフラれました」、こんなお悩みをいただいたことがあるわ。

辛いわね。だけど最後に彼女にフラせてあげたアナタは、女性の名誉を守ってあげたのよ。とても紳士的じゃない♪フラれたことは、彼女にして差し上げた「最後のエスコート」。しかと受け止め、男友達に慰めてもらいながら浴びるように酒を呑み、お酒を飲めない人はうまい飯でも食えばいい。とにかく、フリーになったんだから病気と風評に気をつけながら上手に遊んで、面の皮をひと膜分厚くして、次の女性に心血を注ぐの。フリーの今のうちに放蕩の限りをし尽くしておきなさいな!!

恋人がいない時こそ
楽しんで生きるのよ!
だってアナタは自由、
好きなだけ遊びなさい♪

もっと自分本位に生きてみたら?

浮気する男は放し飼いの飼い犬と一緒♡

浮気する男は、
リードを外した飼い犬だと思お♥

　アタシ、浮気する男はリードを外した飼い犬と一緒だと思ってるの♪縄張りを広げるのために電柱(女)にマーキングをして、遊び疲れて腹が減ったら寝床へ帰って来る。可愛いじゃない♪♥湯がくだけのエサを用意してあげて、ネトフリでも見ながら帰りを待っていればいい。けど、病気と借金拾って帰ってきたらとっとと除菌、もしくはお捨てなさい!!　そして彼が「浮気」でなく「本気」だったら、すっぱり切って相手に譲っておあげなさいな♪彼だって、そっちの小屋のほうが幸せでしょ♪てゆー派ですアタシ♪

浮気の一つや二つ、
サラッと流しておしまい!
可愛けりゃ置いといて、
度が過ぎるなら
ダンボールに入れてポイ♪
浮気男を飼ってやってるのは
アナタなんだから♡

殿方と浮き名流したき色情魔

#嗚呼、破廉恥

出利葉

Chapter 4

華麗に
スルー
する技術

嫌な人、嫌なコメント、嫌な空気……。普通に生きているだけなのに、なんで遭遇しちゃうのかしら！ ネガティブなことは全部まとめてガン無視。関わったら伝染るわよ！

幸せの沸点が低い方が幸せなこともあるわ

華麗にスルーする技術

人に「デブ」と
言われたら、
渾身の「ブス」を
叩き返してよし！
人に「デブ」と
言い放ったら、
渾身の「ブス」が
返ってくる
覚悟を持って

口喧嘩で大事なことは覚悟

　人に対して悪態をつく人に限って、強く言い返されるとオヨオヨと萎えて、ブツブツとふてくされて周囲にチクるわよね。何かしらねあのダサい感じ。アナタはそんなことする人間かしら？　それともされる側？　ダメよ、中途半端な志だけは!!　人様に対して、それなりに汚い言葉を吐き散らすからには、相手から暴言を言い返されても平気なくらいの強い覚悟を持っていなくちゃ！

暴言なんて吐かないほうがいいけど、どうせ吐くならアナタの覚悟もお見せなさい！

華麗にスルーする技術

人を
傷つけたり
怒らせたり
しなければ
すべて
御の字なのよ

無理に他人に優しくしなくていい

仕事が忙しかったり体調がすぐれなかったりすると、自分に余裕がなくなって、周囲の人に対して優しく接することができなくなるよね。そんな時アタシは「あぁーダメだ。こりゃ他人に優しくしている場合じゃない。今は自分自身に優しくしないと」って、とりあえず人と距離をとるの。いつも通りに人と接することができない状態って、自分自身の心と体が栄養失調になっている危険信号よ!!　いいじゃない、別に優しくなくたって♪人を傷つけなければ、まずはそれだけで御の字なの♪♥　健全に生きていくうえでまず大事なことは、自分自身に優しくすること。そうして余裕ができたら人に優しくすればいい♪

人に迷惑を
かけない程度に、
自分自身に注力する。
いいのよ、そのぐらいで

華麗にスルーする技術

こんな相談がきたわ？

「友達に
『絶対内緒ね』
って約束したことを
別の友達に
バラされて最悪です」

いの一番にバラしたの、
アナタじゃない♪？

　仕方ないじゃない♪？　人にバレたくないことを、いの一番にバラしたの、「アナタ」なんだし。アナタもこれまで生きてきて、何度も経験したことなんじゃないかしら？　人の口なんてものは、蓋があったって喋るのよ。自分の秘密を自分の中だけにとめることができないのなら、捨て身で発散よ!!　己の意思で蒔いた種を人のせいにするのはやめなさい。バラされる覚悟で物をお言い!!

「絶対に内緒ね」って、宇宙で、いや銀河系で一番信用しちゃいけない文言よ

Chapter 4 華麗にスルーする技術

男と女、
処世術の為に
使う武器は
同じじゃないわ。
そのままいけ！

女がオンナを武器にして何が悪いの？

　女がオンナを武器にする？　だって女なんですもの‼　アタシだってもし女に生まれていたら、全てのスペックをフル活用して人生を開拓するわよ‼　武器として使わないなんてもったいない‼　それに、アナタを嫌っている会社の女性は、給料を払ってくれる人じゃないんでしょ？　もしなんか突っ込まれたら「えぇ～そぉ～ですか～～？」って延々はぐらかすか、もしくは「はい、武器にしていますよ？　だってアタシの戦術ですもん♪何か？」ぐらい言い放って返り討ちにしてやんなさいよ‼

　このご時世、「女性の目覚ましい社会進出」だの「男女平等のキャリア」だの言われて、勝ち気に生きようとする女性をたまに見かけるけど、「男と同じように」なんて生きられるわけないのよ‼　男は体力精力を自ら蓄え発散するスペックに長け、女はそんな体力精力を男に与える希少なパワーを潤沢に持ち合わせているのよ‼どっちが上だ下だのの話じゃない、持って生まれた才能がそれぞれにあるの‼♪　男と女、処世術のために仕込む武器は同じじゃないわ。女をフルに謳歌して、そのまま行け♪

男らしさ女らしさ、
それを活かす武器で
社会に挑みなさい‼
せっかくその性別で
生まれてきたんだから‼
ゲイだってそうよ‼

人生崖っぷち？
上等よ♪
飛び込んで
やるわ！

Chapter 4 華麗にスルーする技術

理解し合える
まで話し合う?
そんな
ダルいことする
必要なし!

言いたいことを言い合える間柄は
時に毒のぶつけ合い

　恋人や夫婦、友達関係で揉めごとがあった時、「お互いに理解し合うまで話し合う」という解決策があるけど、ダメダメーー‼　一生揉め続けるわよ‼　これって場合によっては、二人の間にある溝をさらに深くしてしまうわ。互いの不満や要望を話し合うことは、一見すると膿を出してスッキリするという正しそうな手段だけど、ヘタこくと自分を守りながら相手を攻撃し、徐々にヒートアップして罵り合って終わるか、もしくはどちらかがひっそりと我慢するしかなくなるの。危険よ！　この手法は相当の思いやりを双方が持っていて、互いが互いにストレスを感じていない状態でないと絶対に成功しないわ。大事なことは、お互いの弱さに目を向けること。自分の欠点を伝え合って反省し、それを認める。それから一緒に歩めばいい。大事なのは、自分のことを理解してもらうために、相手のことを理解してあげようと思うこと♥

話し合うんじゃなくて、
わかり合う。
素晴らしい関係を築けるし、
面倒臭くもない♡

華麗にスルーする技術

嫌われたって、別に。

嫌われることを
過度に怖がらないで

　オンライン＆オフラインを問わず、普段から膨大な量の情報を浴びていると、自分というものがよくわからなくなる時ってない？　知らないうちに過度な承認欲求が生まれたり、はたまたそれとは逆の主体性を押し殺した、右へ倣えの無個性主義に冒されていない？

　いい？　どんなふうに気持ちが左右しても、大事なことは自分自身を大切にすること、そして自分を好きでいる人をより大事にすること。だってアナタに興味がない、好きかどうかもわからない人に好いてもらう必要ある？　広く浅くなくていい。信じてくれる人に、狭く深い情愛をあげられる素敵な人間になるために♪そのために、浅い関係の人間から嫌われるなんて、楽勝じゃない♪？

好きな人たちに囲まれて
生きていくために、
人間関係を「アナタ流に」
整頓するのよ♡

Chapter 4
華麗にスルーする技術

車の ホイール、 リップの 赤

理解、共有、尊重♡

　お互いにさんざん罵り合ったあげく、解決の糸口が見えないまま、ずっと平行線な状態に陥っているカップルや夫婦を見たことがあるわ。お互いのウィークポイントをぐさぐさと刺しているんだから、ともに疲弊していくのよ。埒が明かない行為は時間の無駄。そんな二人にこの言葉を授けるわ。例えば女性は「彼氏（夫）の愛車のホイールが変わったことに気づけるオンナである」、男性は「彼女（妻）がつけているリップの赤（色）を見分けられるオトコである」。双方、これを見極めるスキルがないのなら、自己中心的に異性を攻める筋合いはないわ。お互いの趣味や嗜好を理解＆共有し、尊重するの。そしてどんな不毛な言い合いをしても、最後に必ず握手をしろ。

理解し合えない部分を強調するんじゃなく、理解し合えるわずかな部分に希望を感じて膨らまそ♪

華麗にスルーする技術

会得すべきは手ブラで「回避」

大切なのは防御でも反撃でもないの

誰かを傷つけたり、傷つけられたり、ネットでは罵ったり罵られたり……。毎日色んなところで戦いが起こっているけれど、いいですか？　ここは戦場ではありません。アナタが豊かに暮らす場所よ♪備えるべきは防御のための盾でも攻撃のための矢でもない。「手ぶら」よ。手ぶらで回避がいっちばんラクです♪何なら"手ブラ"で回避でもいいでしょう♪両手ふさがりますが♪アタシは「死ね」と言われたら「死ねな〜い♪」って返すし、「それ間違ってますよ」って言われたら「ぁそーかもー!!　ひゃっだーー!!」ってとぼけるし、「DELIVAさんて実は○○ですよね」って図星を指されても「あらやだ!!　バレたっ!!♪」って、いなしちゃう♪なんの影響にも左右されず、武器も防具もいらない場所でただただ飄々とヘラヘラするの。これって良くない？

いちいち真に受けてたら、体も心もいくつあっても足りないわ！って話よ♡

Chapter 4
華麗にスルーする技術

携えるべき
スキルは
「鈍感なバカ」♪

鈍感力で心身を穏やかに♪

　悪意に対して大事なことは、鈍感であること♪効いてないことこそ、相手にとっては一番の大打撃♪キレのある言葉をバカで返すと、人は戦意を失うわ。いつも言われたことを真に受けて考え込んでしまう人こそ、「鈍感なバカ」であることを鍛錬してみて♪

キレッキレで攻撃力も備えた人より、むしろちょっとボケっとしてるくらいのほうが愛されると思わない？♡

日々は謙虚に、
でも自己愛への欲求は情熱的に！
ほーら皆様も、一緒にこのポーズしよ!!
はい!! せーのっ!!

注：私有地です

Chapter 5

歳を重ねて わかった こと

わかったことなんて何もないわ♪ごめんなさいね。ただ言えることは、年齢を重ねたくらいで人は変わらないということ。逆に、年齢を重ねなくたって変わろうと思えばいくらでも変われるということかしら。

心も体も素っ裸！
素の自分を
お鍛えなさいな♪

Chapter 5
歳を重ねてわかったこと

下り坂、ピンヒールは膝にくる

慢心は自滅への道まっしぐら！

　皆様の中にはもしかしたら、何かを成し遂げた実績を「自分の力だけで果たせた」と豪語しちゃう方っていないかしら？　積み上げた実績はすごく誉なことだし、雄弁に語っていいと思う！　だけれど、過剰な自尊はあまりオススメしないの。そもそも、それを「果たさせてもらえたこと」に感謝することが第一なのよ。周囲がアナタに委ね、そして支えてくれなければ、そもそもその「実績」をあげることすら出来なかったのだから。周囲への感謝を、些細なことでも感じられないとむしろ失望され、せっかくの実績はガラクタと化し、人生の転落を味わうことになってしまう。アタシも「ピンヒールをはきこなすゲイ」と世間様が褒めちぎってくれ(阿鼻叫喚だったかしら)、調子こいて慢心してたの。そんな時、SNSで意気揚々と華奢なピンヒールはいて下り坂を駆け降りる動画を撮ったことがあるんだけど、死ぬかと思ったわ。足の甲の角度が明後日の方を向いたまま重力に逆らえず膝は砕けそう、駆け降りるスピードを止めることができないのよ。恐怖よ。どんなに止まりたくても自重で失速するまで走り続けなきゃいけないのよ、ピンヒールで。その時本当に思ったわ、「慢心はピンヒールで坂を下るが如し。下降の一途をたどり人生をも崩しに来る」って。皆様の実績もアタシの足も、皆様に褒め称えてもらって初めて輝く(笑)。「自分の実力」と思う時ほど、騒がず、謙虚に、周囲への感謝を先に述べ、アナタという人柄ごと大いに称えてもらいましょうよ♪

調子こいて慢心すれば、人生坂道を転がるように下降していくわよ

歳を重ねてわかったこと

モチベーションってのは、長期継続出来る事が重要

モチベーションはずっと高けりゃいいってもんじゃない

　モチベーションは必ずしも、高ければ良いというものではないし、一番大事なのは、自分にとってベストな状態を長期にわたってゆるやかに継続すること。アナタにとって良い状態が続いているなら、他人からの評価なんてぶっちゃけどうだっていいの。一番やっちゃいけないのが、自分の現状を過小評価して無理にモチベーションを上げようとしたり、無謀なチャレンジをしたりすること。そうなると危険よ。登れもしない山に挑戦すれば遭難するし、泳げもしないのに大海原へ出れば溺れ死ぬわ。人生も一緒。現実的に見て、今の自分は何ができるのか、心地よく目標を達成するにはどのくらいの努力をすればいいのか、しっかりと見定めて。ゴール（目標）が決まったら、それに向かってできる範囲で努力すればいいだけのこと。とにかく、己への過信はケガのもと。まずはお見つめなさいな、ご自身を♪♥

自分にできる努力とモチベをしっかり見極める！

歳を重ねてわかったこと

名声はただの
デコレーション

いくら武装したって、無駄よ

　世の中には他人から権力者であると思われたいあまりに弱みを見せない人や、地位や名声を誇示する人が一定数いるわよね。鎧（よろい）をまとうことで、自分自身を武装する人。あれってまじで大変だと思う。だって鎧って普通に重いし窮屈だから、身につけているだけで疲れるでしょ。物（鎧）は所詮「物」。どんだけ外壁を分厚くしても、最も大事な部分はアナタの剥き身。ぁ、これは決っして全裸でいろってことじゃないわよ‼︎　……まぁ殿方は全裸でいていただければアタシはう、嬉しい……。ひゃっだ―――♪♥　自分の弱さと真摯（しんし）に対峙して、一糸まとわぬ"素の自分"をお鍛えなさい。生身を鍛えず鎧を重くすれば、アナタの体が壊れるわ。心の城を立派になさいな♪

人間どんだけ素っ裸で素敵に生きられるかが大事！あ、でもダメよ、街を素っ裸で歩いちゃ‼

歳を重ねてわかったこと

元気が
ない人への
「元気出して」は
時に毒

ポジティブ思考の押し売りに
ご注意あそばせ

　元気がない人、また落ち込んでいる人への「元気出して！」という言葉は、相手にとって時に重荷になるわ。落ち込んでいる当事者にとっては「ポジティブの強要」になってしまう。ヘロッヘロになるわ!!（泣）　だからもし、落ち込んでいる人の傷が癒えるまでそばにいられるなら、そっと寄り添ってあげたり、何も語らずに黙ってスコーンと甘いラテでも差し入れをするなどして、「心地よい沈黙」を提供してあげて。もしメールやLINEで何かエールを伝えたいなら「お疲れ様♪」や「よく頑張ったね♪」って、言葉数少なめに労って
あげて♪それだけでも元気のない人の心は安堵して、少しずつ自立し始めるから♪

弱ってるときって、
応援ソングですら危険よ！
無理に鼓舞して
元気を出させない、
「今」の気持ちを労わる事から
始めよ♡

いつもいつも元気でいる必要なんてないわ

歳を重ねてわかったこと

己の機嫌の悪さを
露骨に出すやつは、
目上だろうが
目下だろうが
人としてペラい

部下や後輩は上司を選べない。
アナタが部下を育てるの

「上司がいつも不機嫌で、なんだかこちらも居心地が悪いです」って相談を頂いた事があるの。嫌な上司ねっ!!こういう上司って結構いるのかしら。いちいち気を揉む必要はないわ♪上司とか部下とか関係なく、人としてペラいかわいそうなやつなのよ。そういう人は大抵「仕事はしたくないけど出世したい」とか「人に仕事を押し付けるだけ押し付けて、手柄は自分のもの」って思考だったりするわ。とにかく自分の都合のいいように物事を進めることしか考えてない「中身からっぽのクラッカー」みたいなやつだから。そんな考えのやつの都合のいいようにいくわけがないじゃない？　だからイライラしてるのよね。なんだかかわいそう。そんな惨めな上司ちゃんには、同情しながらも一切手を貸さずに、ただただ呆れて差し上げなさいな♪そしてアナタはそんな上司を無視する一方で、素敵な部下を育てて人望を集めることね。

他人の不機嫌に
振り回されちゃう気持ち
とってもわかるけど……
無視よ♡

歳を重ねてわかったこと

努力は
他人に
見せない
見えちゃう
もの。

何事も謙虚が一番♪

　SNSで、自分で掲げた目標や将来に近づくための過程の画像や動画を「＃日々努力」とか、ハッシュタグを付けて投稿する方がいらっしゃるでしょ？　あれって確実に「努力をアピール」してるじゃない？　あのね、自分で掲げた目標に対して努力することは当たり前。

　自慢げに晒すことではないの。努力をアピる暇があるなら努力をしろ!!

　そうそう、以前インスタを見ていたら、マッチョマンがジムで筋トレ動画あげていたんだけど、「＃人知れず努力」ってポストしてたからね(笑)。　アナタ今、大胆に見せびらかしてますけど!!?　人知れずの意味知ってる!?　まあマッチョは眼福だったけどね!?♥努力が素晴らしいのは、まさに「人知れずであること」。謙虚さこそが美徳なの。

努力は、
自己顕示欲に負けたら
カッコ悪くなるわよ!!
人知れず、が一番美しいの

Chapter 5
歳を重ねてわかったこと

正義の量、怠惰の量

DELIVA'S VOICE

正義も怠惰もサプリメントみたいなもん

　正義感がある人って、みなさんどんなイメージをお持ちかしら♪カッコいいわよねー。片や、怠惰な人ってどう？一緒に仕事したくないし付き合いたくないし結婚相手には絶対選ばないわよねーー。けどね、「正義」って、あまりにも振りかざすと「余計なお世話」に変貌するわ。一方「怠惰やだらしなさ」は扱い方を知れば「ゆとり」に変わる。要は、その言葉の用法容量によっては、怠惰が百薬にもなるし正義が猛毒にもなるのよ。言葉からくる固定観念は時に、反作用をもたらす脅威となり、逆に人を安堵させる豊かさにもなるわ。「たかが言葉」です。目に見える言葉にあまり心理誘導されすぎず、アナタが思う正しさに身を委ね、適時適量を見定めてあまり縛られず自由に思い考えて生きていきましょうよ♪心地よい正義と、心地よい怠惰を♪

だらしないって
ネガティブなことばっかり
じゃないんだからっ♡

ときにはひっそり
1人になれる場所で
深呼吸してみるの♡

歳を重ねてわかったこと

アナタよりも
幸せな人が
いてはいけない

周囲の人たちは二の次。
人生の主役はアナタ

　愛する人に対して全身全霊なアナタ。とても素敵なことだけれど、それではアナタ自身が疲れてしまう。アナタが世界で一番好きな人は「アナタ自身」でなければダメ‼　最初はムリでもいいから、とにかく心がけて‼　恋人よりも、伴侶よりも、家族よりも……。アナタが幸せでなければならない。アナタが幸せだからこそ、アナタも周囲の人たちを愛で慈しむことができるのよ。仕事でも家庭でも、全てを背負ってはいけない。自分のための逃げ道を用意していなければいけない。自分より先に周りを愛してはいけない。これはエゴでも何でもない。アナタの人生の本質を決して忘れないで♪

日々が辛い人からもらう愛情ってもらう側も辛くなるのよ。だからアナタの使命はまず、幸せの散布じゃなく吸収よ！

歳を重ねてわかったこと

休めない
じゃない。
休むの。

アナタを守れるのはアナタだけ

　世の中的に、以前よりも寛容になったとはいえ、日本では仕事を休むことに対してまだまだ否定的。もしアタシが心身ともに疲弊しきって、のっぴきならない状況に陥っていたら退社を覚悟して休むわ♪自分を労りたいときは、生半可な気持ちではだめ。ぶっちゃけ、仕事や家事育児よりも本気を出して労らなきゃ!!　本当に休みたい時、限界を迎えそうな時は気合いで休むの。恥も外聞もないわ。仕事や周りのことなんか知るか!!　そんな気持ちを奮起させて、モラルという名の縄で縛られた自分の心を少し緩めてみて♪選択肢はいくらでもあるし、考える時間は膨大♪そんな自分時間を担保するための力を、アナタは持ち合わせているはず。自分が潰れそうな時は本能に忠実に、自分自身に命令しなさい、「休め!!」と。なんなら「やめてやる!!」と♪

昭和のCMであったわね、「24時間戦えますか」って。戦えるわけないじゃないっ！バカッ!!

歳を重ねてわかったこと

大事なのは、高い自己肯定感ではなくて「自尊心」

「自己肯定感」なんて言葉に 惑わされるな

「自己肯定感」が高いとか低いとかって、よく聞くわ。でもそんなこと気にせずに、人生を謳歌する術はごまんとあるわ。自己肯定感の高い低いにこだわる時間がもったいない♪自己肯定感の高低や自信の有無を問われても何とも思わないほどの「自尊心」が備わっていれば、とても生きやすくなると思うの♪自尊心とは、読んで字のごとく「自らを尊ぶ心」。今の自分を許してあげたり、疲れた自分を癒してあげたり、頑張った自分を労ってあげたり、そんな自分を笑顔でわかってあげたり。自尊心を持つことって、どんな自分も好きになれる魔法の術なの♪その結果がアタシです(笑)。　ぁごめんなさい、参考にならない？　「今の自分の最高」を愛でることよ♪それが人生の最重要事項♪アナタの人生は、アナタのものなんだから。

比べない、媚びない、常時中立！ そして自分にはいつもエコ贔屓(ひいき)♡ アタシの自尊心は揺るがないの♪

Chapter 5
歳を重ねてわかったこと

Viva!!
だらしない
人生♪

だって、ずっと気ぃ張ってたら疲れちゃうじゃない！

　と、いうことで♪最後の頁になりました。いかがだったかしら♪アタシの人生持論。え？　暴論だったって？　んもぉ〜なぁ〜に〜好きになっちゃうぞ♡世の中にステレオタイプで横行している「だらしなさ」は、それはそれで個人の清潔感や潔癖度合い、人付き合い上の価値観やポリシーに準じていいと思うの。だけどね、日々、多種多様な有象無象の人間ともがアナタの生活に押し寄せてくるでしょ。それらと付き合うor付き合わないの選択権がないままの状況で、いろいろな人間ともに傷つけられ、身悶えし疲弊して。それでも疲労感覚を麻痺させてまで付き合っていかなきゃならないこともあるでしょ。皆様が置かれた環境には耳障りのいい理想論を聞くだけ憤りと共に虚しくなってくる不可抗力なことが散々に転がっていて、踏んでも蹴ってもぶん投げても自分の足元に地縛霊のように居座ってくる。だらしない自分が人目について悪評が蔓延しないように虚勢を張らなきゃいけなくて、だらしない自分なんて、そもそも自分が一番嫌悪するかもしれない。だったら人に見えないところでだらしなくすればいい♪一番人に見つからない場所、アタシはそれが「心と脳の中」だと思うの♪人にバレないんなら、どんだけだらしなくたっていいじゃない？　人間関係も、仕事も家族も友達も、疲れた時は平穏な環境を体外的に築きながらにだらしない精神で巧く感情のみを切り離すハードスキルの取得に挑戦してみてほしい♪人目につかない場所できったない顔してヨダレ垂らして、ケツ掻いて、あたりめにしゃぶりつくような気だるいだらしなさで緊張をほぐしてあげれば、今日の自分よりも少し気持ちが軽い明日になるかもしれない。世間からの締め付け、押し寄せる荒波を少しでも凪に落ち着かせられるように、せめて自分にはだらしないゆとりを与え癒してあげて。

　最期までずっと一緒にいてくれる人は、「自分」なんだから♪